AF316367

COMMENT ON POURRAIT

FAIRE ENTRER

CENT MILLIONS ET PLUS

DANS LES CAISSES DU TRÉSOR FRANÇAIS

ANNUELLEMENT

ET SANS FRAIS DE PERCEPTION

AU NOM

DE LA JUSTICE HUMAINE ET DE LA MORALE CHRÉTIENNE

Prix : **25 centimes**

PARIS

A LA LIBRAIRIE ROUQUETTE

PASSAGE CHOISEUL

1872

COMMENT ON POURRAIT

FAIRE ENTRER ANNUELLEMENT

CENT MILLIONS ET PLUS

DANS LES CAISSES DU TRÉSOR FRANÇAIS

Je m'adresse aux hommes de bonne foi.

N'est-il pas de toute justice que le salaire du travailleur, en lui assurant les moyens de vivre pendant qu'il travaille, lui permette aussi d'épargner de quoi vivre dans sa vieillesse lorsqu'il ne pourra plus travailler ?

Lecteur, si votre réponse est négative, n'allez pas plus loin, et jetez cette brochure au panier.

I

Dans les transactions de chaque jour, le salaire normal du travailleur est réglé par l'offre et par la demande, et il ne peut être réglé différemment; mais, au milieu des tiraillements qui naissent de cette lutte, il n'entre généralement ni dans l'esprit du salarieur ni dans celui du salarié aucune autre préoccupation que celle de pourvoir strictement aux besoins ou aux agréments de l'existence immédiate. La prévision pour les tristes années de la vieillesse est tout à fait hors de cause, et je ne craindrai point d'être démenti en affirmant que la morale de celui qui paye n'est pas plus avancée à cet égard que la prudence de celui qui reçoit.

De là tant de vieillards indigents qui retombent d'une manière ou de l'autre à la charge de la société, et finissent par peser presque exclusivement sur les familles de ceux qui possèdent et qui ont payé les salaires antérieurs.

Ne vaudrait-il pas mieux, pour tout le monde, faire d'avance la part de la retraite, et payer pour le travailleur dans le fort de sa vie active ce qu'il faudra plus tard payer à l'impotent et aux bureaux de bienfaisance?

II

Après la révolution de 1848, on a créé la Caisse de la vieillesse, administrée par la Caisse des consignations. On a facilité ainsi à chacun les moyens de s'assurer une retraite. Mais le public n'a pas répondu avec l'ardeur que l'on espérait à la sollicitude des gouvernants. Les livrets de la Caisse de la vieillesse ne sont encore répandus que dans une très-faible partie de la population.

A cela deux causes :

1º Défaut de prévoyance chez la grande majorité des salariés qui se trouvent dans une certaine aisance ;

2º Insuffisance de salaire chez la grande majorité des travailleurs qui ne peuvent rien distraire de leur paye périodique pour former leur retraite, et qui, d'ailleurs, sont d'autant plus insouciants du lendemain qu'ils sont plus étranglés par les exigences de chaque jour.

Le moment n'est-il pas opportun pour compléter la fondation de 1848, pour développer la prévoyance et pour venir en aide aux salaires insuffisants?

L'accroissement des dépôts à la Caisse de la vieillesse viendrait bien à point au moment où il faut frapper de nouveaux impôts pour équilibrer le budget; car ces dépôts ne doivent être restitués que sous forme d'annuités dans un temps éloigné, et l'on pourrait momentanément les employer aux besoins de l'État comme dette flottante.

III

S'il est de toute justice que le salaire du travailleur se compose de deux parties distinctes : l'une pour suffire à l'existence active et robuste du moment présent; l'autre pour assurer la satisfaction des besoins de la vieillesse; s'il est vrai que les salaires sont généralement débattus en raison seulement des nécessités du moment et sont insuffisants pour les prévisions d'avenir, alors il devient urgent, en présence des hostilités qui règnent entre les diverses classes sociales, que le législateur intervienne en faveur du travailleur dont le salaire est trop exigu pour qu'on y taille une part au profit de la vieillesse.

Il y a là une obligation de conscience pour tout homme religieux, une obligation d'équité pour tout homme juste, une obligation politique pour tout homme d'État, et une obligation civile pour tout citoyen.

IV

Il nous semble que toutes ces obligations seraient satisfaites par un article de loi ainsi conçu :

« A partir du..... prochain, tout individu de l'un ou
» de l'autre sexe, porteur d'un livret de la Caisse géné-
» rale des retraites, aura le droit d'exiger au moment du
» payement de ses gages, salaires, ou appointements, un
» supplément du vingtième de la somme due, lequel sera
» destiné à être versé pour son compte à la Caisse pré-
» citée. »

V

Nous examinerons plus loin cette loi aux points de vue administratif et politique, et nous montrerons aussi qu'elle n'est point l'expression d'un socialisme autoritaire et vexatoire. Mais nous voulons donner avant tout la solution pratique des difficultés d'exécution.

VI

Première difficulté : La Caisse des retraites ne reçoit pas de dépôts au-dessous de 5 francs, et comme 5 francs représentent le vingtième d'un salaire de 100 francs, il y a lieu de se demander ce qu'on devra faire lorsque le salaire dû sera au-dessous de 100 francs.

Ce vingtième sera-t-il remis aux mains du salarié ? Généralement, il ne le versera pas à la Caisse, de sorte que le but de la loi sera éludé. — Sera-t-il laissé aux mains du salarieur ? Celui-ci, dans la plupart des cas, aurait à subir des ennuis de formalités, des ports de lettres, des déplacements onéreux pour opérer le versement ; et il aurait alors, indépendamment de la charge de payer un supplément de salaires dont il peut comprendre la justice, un assujettissement qui très-souvent serait insupportable, qui serait véritablement injuste, et qui parfois donnerait lieu à des impossibilités, par exemple dans les campagnes, loin des agents de la Caisse des retraites, et lorsqu'il s'agirait d'ouvriers voyageurs.

Ainsi, voilà, par exemple, une journalière étrangère au pays, ayant fait dans une ferme une journée de 60 centimes et dont le vingtième est de 3 centimes : comment tenir compte de cette infime somme à cette pauvre femme qu'on ne reverra plus ?

Remarquons d'abord que ces 3 centimes produisent en trois cents jours de travail 9 francs par an, lesquels, versés depuis l'âge de dix-huit ans jusqu'à celui de soixante, donneront à cet âge une pension viagère de 180 francs, précisément égale au salaire des trois cents jours de travail d'une année.

180 francs de pension, à la campagne! 180 francs en espèces! mais c'est la richesse! La journalière n'est plus pauvre. Mariée, elle sera toujours choyée par ses enfants; seule, elle trouvera dix ménages agricoles pour un qui lui offriront la nourriture et la place au foyer (1).

VII

Reste toujours l'objection :

Comment recueillir et conserver à la Caisse de la vieillesse ces 3 centimes journaliers, payables peut-être par vingt mains différentes, pendant les six à sept mois nécessaires pour arriver au chiffre de 5 francs, minimum du versement à la Caisse des retraites?

Voici la solution :

L'administration des postes consacrerait au service de la Caisse de la vieillesse une partie des timbres qu'elle confectionne pour le service postal. Elle les frapperait, en

(1) Dans les campagnes, on appréciera toujours beaucoup un commensal dont une forte part de la nourriture repose principalement sur des produits du sol qui ne peuvent être économiquement transportés à la ville, ou qui ne seraient pas de facile défaite sur les marchés, surtout lorsque ce commensal paye en espèces.

diagonale, d'une griffe portant le mot *pension* en caractères très-apparents. Par cela même, ces timbres ne *pourraient plus servir pour l'affranchissement, et ne seraient plus valables que pour la Caisse des retraites.* Ils se vendraient partout où l'on vend aujourd'hui des timbres-poste.

C'est au moyen de ces timbres que le salarieur se libérerait envers le salarié de la manière suivante :

La Caisse des retraites ajouterait au livret qu'elle remet au déposant un cahier de pages blanches timbrées chacune du même numéro que le livret et divisées en cases; dans chacune de ces cases, le salarieur collera lui-même les timbres-pension; pour plus de sûreté, il écrira en travers sur chacun d'eux le numéro du livret.

Alors, le timbre-pension ne pouvant plus servir qu'au porteur du livret, il demeurera sans danger en ses mains, puisqu'il ne peut plus être vendu à personne à vil prix.

Lorsqu'il y aura sur les feuillets pour plus de 5 francs de timbres - pension, le porteur du livret pourra aller trouver un agent de la Caisse, qui inscrira la somme sur le livret, détachera les feuillets couverts de timbres-pension, et les enverra à la Caisse des consignations, à Paris, qui se fera rembourser par l'administration des postes.

Ainsi, par ce mécanisme simple dont les éléments existent déjà dans l'organisation administrative ainsi que dans les habitudes du public, d'un côté, le plus humble des salariés peut affecter la plus minime de toutes les sommes monétaires à la Caisse des retraites, bien que celle-ci ne reçoive pas moins de 5 francs à la fois, et, de l'autre côté,

le salarieur le plus occupé n'est chargé de rien autre que
d'apposer un timbre sur des pages blanches et de le cou-
vrir d'un numéro.

VIII

Maintenant, rendons-nous compte des conséquences de
la loi proposée.

Nous ne nous dissimulons pas qu'elle serait considérée
comme très-mesquine par les socialistes ardents, qui ne
comprennent pas la difficulté d'introduire sans trouble,
dans un organisme social, même une mesquine amélioration.

Nous savons aussi qu'elle serait jugée dérisoire par les
convoiteux enragés que rien ne satisfera, si ce n'est la
spoliation d'autrui au profit de leurs jouissances immé-
diates; mais on ne peut avoir cure des critiques de ceux
qui nourrissent de tels sentiments, si ce n'est de se mettre
en défense contre leurs guets-apens.

Quant à la masse des salariés, la loi proposée leur plai-
rait certainement, mais ne provoquerait pas d'enthou-
siasme. L'époque de la vieillesse paraît si éloignée aux
jeunes gens! La faiblesse de la retraite que pourront avoir
à soixante ans les gens déjà âgés tentera si peu cette
partie de la population qui approche de la retraite! (1)

(1) Nous verrons plus loin la mesure *transitoire* que l'on pourrait
prendre à l'égard des gens âgés qui arriveront à soixante ans avec une
retraite trop minime.

Mais bientôt les réflexions arriveront à la file. A mesure que les inscriptions sur le livret s'ajouteront les unes aux autres et que le chiffre de la pension future grossira, on verra les indifférents prendre un intérêt croissant aux résultats de la loi et les familles satisfaites supputer les éléments de sécurité que l'avenir réserve à leurs différents membres.

Il y a d'ailleurs, dans la population, plusieurs éléments déjà importants qui prendront intérêt à la loi et qui en feront la propagande : d'abord, les membres des sociétés de secours mutuels; puis, les employés des grandes compagnies; et enfin les déposants actuels à la Caisse des retraites.

L'esprit de la loi pénétrera donc de plus en plus dans les mœurs.

IX

Mais, me dira-t-on, vous en parlez bien à votre aise de ce vingtième que vous proposez d'ajouter au salaire pour en faire la base de la retraite future. Vous ne nous montrez que celui qui reçoit; nous ne doutons pas que celui-là n'accepte la loi : elle est toute dans son intérêt; mais pensez-vous que celui qui payera sera satisfait de la sur-charge que vous allez lui imposer? C'est celui-là qu'il faut convertir ! ce sont les représentants qu'il faut con-vaincre, eux qui sans doute ne réclameront pas de l'État le vingtième et à qui ce vingtième sera réclamé par les salariés dont ils demanderont les services.

Vous avez raison.

Je suis convaincu comme vous qu'à l'énoncé de la loi dont je pose le principe, chacun fera son propre compte à part lui, et calculera tout d'abord ce qu'il aurait à payer aux personnes qu'il emploie, et fera la grimace.

Je reconnais donc qu'au premier moment ceux qui prévoiront une charge de plus ne seront généralement pas satisfaits. Mais, à la réflexion, on se résignera sans trop de peine. On se rappellera qu'il faut de toute nécessité aligner les deux colonnes du budget en recettes et dépenses ; qu'il manque environ 300 millions du côté des recettes ; que ces 300 millions vont être demandés à l'impôt ; qu'une part de cet impôt retombera sur leur bourse, et que ce sera une perte sèche pour eux. Ils s'aviseront alors de considérer la surcharge du vingtième du salaire comme un impôt, et reconnaîtront que cet impôt-là ne sera pas tout à fait perdu, au moins pour l'avenir, puisqu'il viendra plus tard en déduction des frais du paupérisme. Au point de vue matériel, la surcharge ne leur paraîtra donc point si onéreuse qu'elle semblait être au premier coup d'œil. Au point de vue politique, ils reconnaîtront que la surcharge dont il s'agit ne peut que contribuer efficacement à l'apaisement de l'hostilité qui règne entre les salariés et les salarieurs. Les récriminations des premiers ne se maintiendront point aussi acerbes, et les seconds auront une bonne raison à opposer aux plaintes.

Lorsque le livret de la Caisse des retraites se sera généralisé dans les villes et dans les campagnes, le nombre des personnes intéressées aux bonnes finances de l'État, à l'avenir du pays, à la paix publique, sera tellement augmenté, que les mauvais citoyens, les artisans de troubles et les imprévoyants seront comme noyés dans le grand flot des citoyens prudents, des amis de l'ordre et des défenseurs de la tranquillité publique.

L'ordre virtuel se substituera graduellement au désordre. N'est-ce pas comme si l'on remettait dans sa poche tout l'argent que les troubles en font sortir? Et les chagrins d'esprit que l'on s'épargne! n'est-ce donc rien?

X

Il n'en est pas moins vrai, dira-t-on encore, qu'il n'y a pas égalité devant cette espèce d'impôt. Passe encore pour les rentiers et pour les bourgeois; mais pour cette foule de petites industries dont les profits sont petits et où les salaires des ouvriers forment la principale dépense, la loi pourrait bien être une désorganisation.

A cela nous répondons que, dans les industries qui emploient beaucoup d'ouvriers, le patron gagne sur chacun d'eux, et plus il y a d'ouvriers, plus il gagne : par conséquent, dans ce cas, l'impôt, la surcharge du vingtième, se justifie encore mieux que pour le rentier et le bourgeois.

Quant au principe de l'égalité devant l'impôt, c'est un

mot dont on se paye ; car, au fond, devant aucun des impôts existants il n'y a d'égalité. Ce serait facile à prouver.

Mais, au surplus, nous allons répondre directement à
l'objection, et montrer que notre *texte de loi* ouvre la
porte à tout adoucissement nécessaire dans les cas où il
résulterait quelque trouble profond de l'application ab-
solue que l'on voudrait en faire.

XI

En 1841 ou 1842, il se forma une commission de per-
sonnages considérables, réunis spontanément, pour exa-
miner les moyens d'établir une caisse de pensions en faveur
des invalides de l'industrie. Elle discuta notamment cette
question : « Ne faudrait-il pas rendre tous les patrons
» *responsables* d'une *retenue* à faire sur les salaires pour
» assurer une retraite aux salariés ? »

Cette disposition est analogue à celle que je propose,
et, au fond, elle aurait fini par peser sur les salarieurs
dans toutes les circonstances où le salaire eût été trop
exigu pour supporter la retenue destinée à la retraite. Où
il n'y a rien, la loi, comme le roi, ne peut rien prendre.
Qui répond paye, et là où le salarié n'aurait pu verser à la
Caisse de la vieillesse, le patron, devenant responsable,
aurait été contraint de faire le versement.

Cette disposition légale eût donc été en réalité, par
son texte rigoureux, beaucoup plus dure que la disposition

dont je me fais l'avocat. En effet, elle aurait créé une obligation étroite à laquelle il eût été impossible absolument d'échapper. Elle aurait placé les citoyens sous le coup des poursuites obligées du ministère public en cas de non-exécution.

Il en sera tout autrement sous l'empire de ma proposition, qui est un appui pour le salarié, mais qui ne lui impose rien. Elle lui laisse à lui-même le soin de poursuivre l'exécution de la loi sans que le ministère public s'en occupe d'office. En conséquence, *des transactions* peuvent intervenir, et le salarié bénéficiaire de la loi peut même renoncer à son droit; ce qui n'aurait pas eu lieu avec le projet de 1842, puisque le salarieur étant responsable du versement de la retenue faite sur le salarié, la loi devait avoir son cours en toute circonstance.

Si donc le supplément du vingtième du salaire devenait une cause de désorganisation pour une industrie incapable de supporter ce prélèvement sur ses bénéfices, le patron pourrait opposer une vive résistance aux réclamations de ses ouvriers. Ceux-ci, qui savent généralement les conditions dans lesquelles leur industrie peut vivre, auraient recours à une transaction, d'autant plus que le patron, poussé à bout de ressources, aurait toujours celle de donner congé et de chercher d'autres collaborateurs.

De part et d'autre, on se tiendra respectivement compte des droits et de la possibilité d'y satisfaire.

Confions-nous donc aux intérêts privés. — Si les salaires sont insuffisants, le patron fournira le supplément du vingtième; s'ils sont très-élevés, le patron s'efforcera de faire tomber tout ou partie du vingtième sur les salariés, contre lesquels il est toujours armé du droit de congé; enfin, si les salaires sont entre les deux, patrons et salariés s'entendront pour faire en commun le versement du vingtième.

En fin de compte, tout se réglera par le sentiment de la justice et par l'appréciation de l'utilité; seulement, le salarié sera, de son côté, armé d'un droit dont il pourra généralement user.

XII

Au moment où la loi serait mise en vigueur, il se trouvera un grand nombre de salariés déjà voisins de l'âge de soixante ou de soixante-cinq ans. Le versement du vingtième ne leur procurera qu'une retraite insignifiante. La Caisse pourrait être transitoirement autorisée, *au moment où la pension s'ouvrirait,* à faire avec eux quelque transaction, et, par exemple, à reporter leur avoir sur les livrets de sociétaires plus jeunes avec lesquels ils auraient pris quelques arrangements particuliers.

XIII

En résumé :

Tout salarié doit trouver dans son salaire de quoi vivre pendant qu'il travaille et de quoi vivre lorsqu'il ne pourra plus travailler. La loi doit lui venir en aide à cet effet, et le protéger contre le salarieur et contre lui-même.

Il est d'intérêt public et privé de mettre un livret de Caisse de retraites dans les mains des plus humbles salariés, devenant ainsi intéressés à la tranquillité ainsi qu'à la prospérité publique. Cette généralisation des livrets ménagera bien des jours de chômage aux gendarmes et aux commissaires de police.

On serait bien mal venu de caractériser la loi proposée par l'épithète de socialiste.

Est-ce du socialisme que de prendre les mesures propres à l'amélioration du sort des classes les plus nombreuses et les plus pauvres, et à multiplier en même temps les éléments de sécurité dont la nation a tant besoin? — Autant vaudrait dire que la charité chrétienne est du socialisme!

Au surplus, à tort ou à raison, le socialisme plus ou moins partageux existe en bas! — L'en extirpera-t-on entièrement? — Il n'y faut pas songer. — Mais ce qui n'est pas douteux, c'est que l'on peut en conjurer l'explosion en recherchant *sans cesse*, parmi les aspirations vagues et illimitées des masses, ce qu'il y a de précis et d'équitable, ce qu'il est possible de faire cadrer avec les lois existantes et avec les mœurs.

Or, y a-t-il rien de plus précis et de plus équitable que de former le salaire de deux parties distinctes : l'une pour le présent, l'autre pour l'avenir ?

Est-il possible de réaliser légalement cette juste distinction ?

C'est ce que j'ai tenté de montrer dans la présente brochure.

Utinam !

P.-E. C. *Cazeaux*

22 décembre 1871.

FIN